RELÈVEMENTS DES PRIX DE GAZ ET D'ÉLECTRICITÉ

LITIGES ENTRE ABONNÉS ET CONCESSIONNAIRES

JURISPRUDENCE

JUIN 1921

RELÈVEMENTS DES PRIX DE GAZ ET D'ÉLECTRICITÉ

LITIGES ENTRE ABONNÉS ET CONCESSIONNAIRES

JURISPRUDENCE

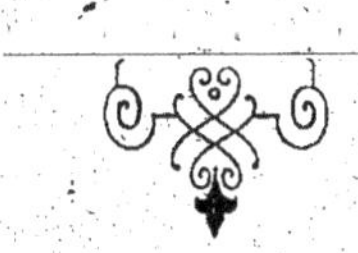

JUIN 1921

Société d'Eclairage, Chauffage et Force Motrice contre Delille.

Le Tribunal,

Attendu que par traité portant la date du 30 septembre 1903, approuvé par M. le Préfet de la Seine le 12 octobre suivant, la commune de Neuilly-sur-Seine a concédé le service public de la distribution du gaz sur son territoire à MM. Rouland et Chamon aux droits de qui est aujourd'hui la Société d'Eclairage, Chauffage et Force motrice ; que l'article 15 de ce traité stipulait que la Société concessionnaire devait fournir le gaz à tout consommateur se trouvant sur le parcours de la canalisation et se conformant aux prescriptions du traité ; que l'article 51 fixait à 0 fr. 16 au maximum le prix du mètre cube de gaz vendu aux particuliers ;

Attendu qu'à la suite de ce traité une police type fut approuvée par la Municipalité de Neuilly-sur-Seine dans laquelle il était dit que le gaz était fourni au prix de 0 fr. 16 le mètre cube à tout consommateur, que l'abonnement aurait une durée d'au moins trois mois et que tout abonnement qui n'était pas formellement limité à une durée de trois mois se continuerait après cette période primitive sans qu'il soit besoin de nouvelle convention et jusqu'à l'époque où l'abonné voudra le faire cesser, en prévenant la Société quinze jours à l'avance ;

Attendu qu'à la date du 31 décembre 1905 Delille, propriétaire à Neuilly-sur-Seine, boulevard Bineau, n° 109, a donné son adhésion à cette police type pour une durée d'une année ; que l'abonnement s'est ensuite continué sans durée déterminée et sans que l'abonné ait jamais fait connaître son intention de faire cesser l'abonnement ;

Attendu qu'au cours de la guerre actuelle et à la suite de la hausse absolument imprévue du prix du charbon un avenant au traité de concession primitif fut signé le 18 octobre 1915 entre la Commune de Neuilly et la Société concessionnaire ; qu'aux termes de cet avenant ratifié le 29 octobre suivant par le Préfet de la Seine, il était dit notamment que le prix du gaz pour les particuliers serait momentanément élevé à 0 fr. 20 le mètre cube à partir du 1er novembre 1915 jusqu'à la signature de la paix ;

Attendu qu'au cours du mois d'octobre 1915 la Société concessionnaire informa par affiches les consommateurs qu'à partir du 1er novembre suivant le prix du gaz leur serait compté à 0 fr. 20 le mètre cube ; que Delille continua néanmoins à consommer du gaz sans dénoncer son contrat d'abonnement, mais qu'il refusa de payer les factures que lui présenta la Société pour le prix du gaz consommé pendant les mois de décembre 1915 et janvier 1916 calculé au prix de 0 fr. 20 le mètre cube ; que dans ces conditions la Société d'Eclairage, Chauffage et Force motrice l'actionna devant ce Tribunal en paiement de la somme de 15 fr. 50, montant des deux factures ;

Attendu que Delille résiste à la demande en invoquant les termes de sa police d'abonnement qui fixe à 0 fr. 16 le prix du mètre cube de gaz ; qu'il soutient qu'aux termes de l'article 1134 du Code civil les conventions légalement formées tenant lieu de loi à ceux qui les ont faites, il n'appartient pas à l'une des parties contractantes de modifier les termes du contrat sans le consentement de l'autre partie ;

Attendu qu'il n'est pas contestable que, par application de l'article 1134 du Code civil, une police d'abonnement, comme toute convention, tient lieu de loi à ceux qui l'ont signée ; qu'il est exact d'autre part que la police d'abonnement signée par les deux parties en cause stipule dans son article 2 que le prix du mètre cube de gaz vendu aux particuliers est fixé à 0 fr. 16 ; mais que cet article 2 ne peut pas être appliqué et interprété séparément de l'article 1ᵉʳ de cette même police, lequel dispose expressément que la Société est tenue de fournir le gaz dans les conditions du cahier des charges ; que la police d'abonnement tout entière doit être considérée comme dominée par cet article premier ; qu'il s'ensuit que le prix du gaz n'est fixé à 0 fr. 16 le mètre cube qu'autant que le cahier des charges qui lie la Commune concédante et la Société concessionnaire maintient ce prix de 0 fr. 16 ; que du jour, au contraire, où la Commune et la Société tombent d'accord pour modifier le prix de la fourniture du gaz, le nouveau prix se substitue à l'ancien et s'impose au signataire de la police comme une condition du cahier des charges ;

Attendu que les tribunaux judiciaires n'ont pas qualité pour apprécier la légalité de la modification apportée au traité de concession ; qu'il suffit dans l'espèce de constater qu'à la date du 18 octobre 1915 la commune de Neuilly et la Société concessionnaire ont signé un avenant au traité de concession portant qu'à partir du 1ᵉʳ novembre suivant et jusqu'à la signature de la paix le gaz serait vendu aux particuliers à 0 fr. 20 le mètre cube et que cet avenant a été approuvé par l'autorité préfectorale ; qu'une pareille stipulation parfaitement claire et précise ne peut faire l'objet d'aucune interprétation nécessaire ; que dès lors Delille qui a accepté la police d'abonnement rédigée dans les conditions du cahier des charges, doit subir les modifications qui ont été apportées à ce cahier des charges et payer 0 fr. 20 le mètre cube de gaz depuis le 1ᵉʳ novembre 1915 jusqu'à la signature de la paix ;

Attendu au surplus que la police souscrite par Delille en 1905 n'avait été faite que pour une année et était depuis longtemps expirée ; que l'abonné avait la faculté, aux termes de l'article 3 de la police, de faire cesser l'abonnement en prévenant la Société quinze jours à l'avance ; qu'ayant été informé au mois d'octobre 1915 de l'augmentation du prix du gaz qui allait avoir effet à partir du 1ᵉʳ novembre suivant et ayant continué, malgré cet avis, à consommer le gaz sans dénoncer son contrat, il est bien mal fondé à se plaindre de l'augmentation de prix qu'il subit ;

PAR CES MOTIFS,

Dit et juge que Delille est tenu, à partir du 1ᵉʳ novembre 1915, de payer le gaz par lui consommé au prix de 0 fr. 20 le mètre cube fixé par l'avenant apporté au cahier des charges du traité de concession et accepté par la commune de Neuilly-sur-Seine ;

Condamne Delille à payer à la Société d'Eclairage, Chauffage et Force motrice la somme de 15 fr. 50 pour la consommation du gaz pendant les mois de décembre 1915 et janvier 1916 ;

Le condamne en tous les dépens dont distraction à Mᵉ Juilliard ès qualité, avoué, aux offres de droit.

TRIBUNAL CIVIL DE PONTOISE

7 Décembre 1916

Compagnie Française d'Eclairage et de Chauffage par le Gaz contre Amé Jules

Le Tribunal : ouï à l'audience du 23 Novembre 1916, M^e de La Taste, Avocat à la Cour d'Appel de Paris, assisté de Me Luxer, suppléant Me Aubert, Avoué de la Compagnie Française d'Eclairage, et Me Thévenet, à la même Cour, assisté de Me Piérend, Avoué de Amé, en leurs conclusions et plaidoiries ensemble, le Ministère public aussi en ses conclusions, et après en avoir délibéré conformément à la loi, jugeant en premier ressort :

Attendu que suivant traité en date des 11 et 12 Décembre 1903, approuvé par M. le Préfet de Seine-et-Oise et enregistré, la commune de l'Isle-Adam, a concédé à la Compagnie Française d'Eclairage et de Chauffage par le Gaz le service public de distribution du gaz sur son territoire tant pour les besoins publics que pour les particuliers, que ce traité a été modifié par deux avenants des 18 février 1910 et 29 janvier 1916, approuvés par M. le Préfet de Seine-et-Oise et enregistrés.

. . . .

Attendu qu'à la suite de ce traité, une police type fut approuvée par la Municipalité de l'Isle-Adam et jointe audit traité.

. . . .

Attendu que la Société a fourni le gaz à M. Amé, rentier, demeurant à l'Isle-Adam, depuis le 9 mars 1911, sans avoir exigé de lui la souscription d'une police d'abonnement.

Attendu qu'au cours de la guerre actuelle et en raison de la hausse persistante et absolument imprévue du charbon, un avenant au traité de concession primitif intervint entre la commune de l'Isle-Adam et la Société concessionnaire.

Attendu qu'aux termes de cet avenant, en date à Paris, du 29 janvier 1916, et à l'Isle-Adam du 10 Mars 1916, vu et approuvé, les droits des abonnés demeurant expressément réservés, par M. le Préfet de Seine-et-Oise le 24 mars 1916, il est dit « Article 2. — Prix du Gaz. — Les articles 23 du traité des 11 et 12 décembre 1903 et 8 et 9 du traité des 18, 19 février 1910 sont modifiés comme suit : « A partir du 1er janvier 1916, les prix de vente du gaz fourni tant à la ville qu'aux habitants seront majorés de 0,05 par mètre cube. Cependant la ville n'aura aucunement à intervenir dans toutes les difficultés qui pourraient survenir avec les tiers ; la Compagnie en faisant son affaire personnelle. »

Attendu que le défendeur, M. Amé, s'est refusé à accepter ce relèvement de prix de consommation.

. . . .

Attendu qu'il y a eu réellement entre les parties un contrat de fait, qui a été soumis à toutes les obligations énoncées tant dans la police que dans le cahier des charges.

Attendu qu'Amé soutient à tort que ce contrat a été fait pour une année, tirant argument pour le prétendre de ce fait, qu'il est dit dans une des clauses de la police que ce contrat se renouvelle d'année en année, par tacite reconduction, car aucun minimum de durée n'y est énoncé, d'où il sut que ce contrat de fait est bien stipulé pour une durée indéterminée.

Attendu que, s'il en est ainsi, il peut, aux termes d'une jurisprudence constante, être dénoncé par la partie la plus diligente avec une mise en demeure d'avoir à régler la nouvelle situation ou d'avoir à se prononcer dans un délai raisonnable qui est fixé d'après l'usage.

Attendu que les écritures, de même que les explications des parties, font apparaître qu'elles reconnaissent l'existence d'un contrat qui les lie mais sont en désaccord sur sa durée et sur l'époque où il pourrait être dénoncé et modifié.

Attendu que ce qui démontre surtout que la Société reconnaît qu'elle se trouve liée vis-à-vis d'Amé par un contrat, c'est la lettre qu'elle lui a adressée le 24 mars 1916 qui a été relatée ci-dessus.

Attendu qu'il peut paraître singulier que ce ne soit que le 24 mars 1916 que la Société ait dénoncé le contrat qui était intervenu et existait entre elle et le sieur Amé et qu'elle ne l'ait pas fait antérieurement.

Attendu qu'une explication apparaît de l'examen des documents, des dates de ces documents, versés par ladite Société aux débats, c'est que ce n'est que le 24 mars 1916 que M. le Préfet de Seine-et-Oise a visé et approuvé l'avenant remontant au 29 janvier 1916 passé par le Maire de l'Isle-Adam, autorisé par délibération du Conseil municipal du 11 Novembre 1915, approuvée le 22 janvier 1916 par M. le Préfet de Seine-et-Oise et fait ressortir que ce n'est qu'à compter de cette date du 24 mars 1916 que l'avenant a pu être tenu comme complétant et modifiant le traité de concession, que ce n'est qu'à cette date que la Société a pu se tenir comme autorisée à percevoir l'augmentation qu'elle avait obtenue de la Municipalité de l'Isle-Adam avec fixation de point de départ au 1er Janvier 1916.

Attendu que sa lettre du 24 mars 1916 valant dénonciation du contrat antérieur a pour conséquence de maintenir le contrat antérieur avec toutes ses clauses jusqu'à la date qui y est énoncée qui est celle de quinze jours après le 24 mars 1916, c'est-à-dire jusqu'au 8 avril 1916.

Attendu que vis-à-vis d'Amé, la Société ne peut prétendre percevoir de janvier à avril l'augmentation de cinq centimes qui lui a été concédée par l'avenant du 29 janvier 1916.

Attendu qu'elle viendrait vainement prétendre que les règles qui s'appliquent tant à son exploitation qu'à sa comptabilité ne l'autorisent pas à faire des recettes de taux variable car c'est à elle qu'incombait d'être valablement autorisée à percevoir cette augmentation.

Attendu que si sur ce premier point, Amé obtient satisfaction, il n'en saurait être de même en ce qui a trait au droit qu'il prétend avoir de se maintenir sous le régime de l'ancien contrat jusqu'en mars 1917, celui-ci ne lui ayant pas été dénoncé en temps voulu, car il a été valablement mis en demeure, ce contrat ayant été fait sans durée limitée et pouvant être dénoncé légalement par la partie la plus diligente à laquelle fut tenue la partie qui dénonçait.

Attendu que ce contrat primitif a pris fin le 8 avril 1916.

Attendu que s'il entend n'avoir pas à subir les conséquences qui résulteraient pour lui, en ne signant pas les nouvelles polices qui lui ont été adressées, il doit se conformer à la mise en demeure que la Société lui a notifiée, et passer avec elle un nouveau contrat.

Attendu que ce nouveau contrat comportera forcément l'augmentation de cinq centimes, puisque l'avenant qui a été passé avec la ville de l'Isle-Adam fait corps avec le traité de concession et fait la nouvelle loi des parties.

Attendu que la Compagnie n'est pas libre de percevoir le prix qu'elle veut, qu'elle ne peut percevoir que ceux qui lui ont été consentis par le traité de concession et approuvés par l'autorité administrative.

Attendu que l'avertissement qu'elle aurait donné par voie de publicité et sous une forme générale n'est pas une véritable mise en demeure à l'égard des abonnés qui sont liés à elle par un contrat.

. . . .

Attendu que la décision ci-dessus est aussi conforme à ce principe de doctrine que s'il est de règle que les conventions ne peuvent être révoquées que du consentement mutuel des parties, cette règle comporte des exceptions, car il est des cas où la convention peut être dissoute par la volonté unilatérale de l'une des parties comme dans un contrat à durée indéterminée.

Attendu qu'elle n'est pas en contradiction avec les principes appliqués devant la juridiction administrative.

Attendu qu'il a été dit devant cette juridiction: « pour tenir compte au concessionnaire de l'excédent des charges survenues, la ville concédante pourra, par exemple, consentir à une réduction de l'éclairage public, renoncer à percevoir certaines redevances, des prix de location des usines ou des canalisations, envisager telle ou telle modification du cahier des charges, enfin on songera tout naturellement à un relèvement du prix du gaz. Sur ce dernier point, nous n'avons point, dit le Commissaire du Gouvernement devant le Conseil d'Etat, à émettre d'opinion en ce qui concerne les conditions dans lesquelles ce relèvement pourra être effectué au point de vue des rapports entre la Compagnie d'Eclairage et ses abonnés, pendant la période du service, en quelque sorte exceptionnel qui sera ainsi assuré ; vous comprendrez notre réserve ; des instances seront peut-être engagées par les abonnés, l'autorité judiciaire a seule compétence pour statuer sur de semblables litiges. Et nous tenons bien à dire que nous entendons ne pas prononcer sur cette question un seul mot qui pourrait être invoqué au cours des instances auxquelles nous faisons allusion. »

Attendu que dans ses conclusions, M. Amé a formé une demande reconventionnelle qu'il convient à présent d'examiner.

Attendu qu'il fait valoir à l'appui de cette demande que depuis le mois de janvier mil neuf cent seize, la Compagnie concessionnaire a majoré la consommation du gaz qu'il a faite d'une surtaxe de cinq centimes par mètre cube, que ces majorations se sont élevées pour les mois de janvier à 1 fr. 10, février 1 fr., mars 1 fr. 10, lesquelles il n'a payées que comme contraint et forcé et sous réserves d'en poursuivre le remboursement comme répétition de l'indû, qu'il est par suite fondé à demander le remboursement desdites sommes, ainsi que de toutes autres majorations, qui lui seraient imposées, jusqu'au jour du présent jugement.

Attendu que la Société demande le rejet de ces conclusions reconventionnelles en s'appuyant sur les motifs déduits précédemment que Amé ne peut se prévaloir d'une police type à laquelle il n'a pas adhéré, que le cahier des charges qui règle en définitive les clauses de cette police type, ayant été modifié par l'avenant de janvier 1916, ce n'est plus le prix de vingt-cinq centimes qui est le nouveau prix qui s'est substitué à l'ancien et qui s'impose au signataire de la police comme une condition du cahier des charges.

Attendu que ce raisonnement de la Société pourrait être accueilli si Amé était sous le régime d'une police encore existante, mais il est actuellement sous le régime d'un contrat qui a été dénoncé, ce qui a eu pour conséquence de mettre en demeure Amé de se prononcer sur ce qu'il entendait faire dans un délai de quinze jours, sinon la Société userait des moyens de rigueur que le traité de concession lui accorde, comme il ne peut pas agir autrement, elle lui coupera le gaz.

Attendu que la police type n'est en réalité que le traité de concession mis sous la forme résumée d'articles qui reproduisent ses principales dispositions ; c'est pourquoi il est dit et décidé par la jurisprudence que la police type annexée au traité fait corps avec lui et entraîne ipso facto sa modification au cas où l'un quelconque des articles vient à être modifié.

Mais attendu que cette théorie devrait recevoir son entière application dans la cause actuellement pendante devant ce tribunal, si la Société actionnait un consommateur lié par une police écrite régulièrement faite pour un certain nombre d'années.

Attendu que, dans ce cas, en effet, la signature qu'il a apposée au bas d'un des doubles de la police le lie et lui impose l'obligation de respecter, de subir toutes modifications quelles qu'elles soient qui, pendant la durée du contrat, viennent à être apportées aux clauses du traité de concession à l'article 23 comme dans notre espèce, qui entraîne par là même une modification à l'article 2 de la police type, car à défaut de vouloir, de consentir à cette modification, le consommateur n'a d'autres droits que de dénoncer à son cocontractant le contrat qui les lie, et ce dans les délais qui sont stipulés.

Attendu que les concessionnaires de la nature de la Compagnie de Gaz demanderesse sont des industriels d'une nature particulière, ils ne peuvent faire supporter à leurs clients, les consommateurs de gaz, des variations de hausse et de baisse de prix comme pourrait le faire un industriel de droit commun ; ces fluctuations dans les cours de la vente de leur produit sont soumises à certaines règles destinées à donner certaines garanties au consommateur.

Attendu qu'aucun de ces principes ne peut trouver ici son application, si on examine à présent la situation du défendeur, M. Amé.

Attendu qu'il était lié à la Compagnie par un contrat de fait qui avait pour règles celles mêmes qui lui avaient été imposées par la Compagnie et qui ressortaient de la remise d'un carnet contenant certaines recommandations, et du paiement des quittances chaque fois qu'elles étaient présentées ; les parties étaient tombées d'accord, sur la chose et le prix ; elles savaient l'une quelle était la consommation maximum puisqu'elle avait elle-même fourni et posé le compteur ; l'autre, qu'elle devait payer le gaz, marchandise livrée au prix de vingt-cinq centimes, prix alors autorisé.

Attendu que le jour où la Compagnie a éprouvé un refus au moment de la présentation de la quittance, elle a compris qu'elle ne pouvait de suite couper le gaz, en d'autres termes, retirer son produit au consommateur sans préavis et sans impartir un délai qu'elle devait, pour essayer de régulariser la situation et passer d'une situation de fait à une situation de droit, dénoncer ce contrat avec mise en demeure d'avoir à se prononcer dans un délai convenable.

Attendu qu'il faut voir dans cette dénonciation du contrat la reconnaissance formelle de l'existence de celui-ci, et cette conséquence la reconnaissance qu'Amé ne peut être tenu qu'à l'observation des clauses du traité de concession telles qu'elles existaient avant l'avenant du 29 janvier 1916 ; qu'elle avait aussi pour autre but celui d'obliger Amé à lui révéler s'il était disposé à accepter ou non le traité de concession modifié par ledit avenant.

Attendu qu'une autre conséquence qui doit être immédiatement tirée de ce qui vient d'être déduit ci-dessus, c'est qu'Amé ne peut être tenu de subir et d'acquitter le montant de l'augmentation de cinq centimes de janvier à avril 1916, puisque l'avenant du 24 mars 1916 lui était étranger.

Attendu que, si la Société succombe sur ce point, elle doit, au contraire, voir sa prétention accueillie en ce qui a trait à sa demande relative à l'obligation qui doit être imposée à Amé de signer une police dont les effets remonteraient au 8 Avril 1916, date à laquelle expirait le délai dans lequel elle devait manifester son intention ou de cesser toute consommation de gaz ou de la continuer aux conditons de la police type modifiée par l'avenant du 24 mars 1916.

Attendu que le montant perçu en janvier, février et mars 1916 qui représente l'augmentation, doit lui être remboursé, bien que l'avenant du 29 janvier 1916 porte que cette augmentation est due à partir du 1er janvier 1916.

Par ces Motifs :

Dit que par aplication des principes déduits ci-dessus, le contrat de fait, en vertu duquel la Société a fourni le gaz à Amé depuis le 9 mai 1911, a pris fin le 8 avril 1916, par suite de la dénonciation que lui en a faite la Société, dit que par suite de cette dénonciation la Société est en droit de refuser le gaz à Amé aussi longtemps qu'il n'aura pas souscrit une police d'abonnement aux conditions et tarifs de l'avenant du 29 janvier 1916, approuvé le 24 mars 1916.

Dit que Amé n'est pas tenu de payer l'augmentation du prix du gaz résultant de l'avenant et du 1er janvier au 8 avril, qu'il ne doit sa consommation qu'au tarif ancien.

Reçoit Amé en sa demande reconventionnelle comme régulière en la forme, et au fond, condamne la Compagnie à lui verser comme indûment perçues avec les itérêts de droit les sommes susénoncées de 1 fr. 10, de 1 franc et de 1 fr. 10 : déboute Amé et la Compagnie du surplus de leurs demandes fins et conclusions et statuant sur les dépens, en fait masse et dit qu'ils seront supportés un quart par Amé et trois quarts par la Société Française d'Eclairage dont distraction au profit des avoués en cause.

TRIBUNAL CIVIL DE SAINT-AMAND-MONTROND (Cher)

7 Mars 1918

Compagnie le Centre Electrique contre Jacquet

Le Tribunal Civil de Saint-Amand (Cher), jugeant commercialement en l'audience publique :

Attendu que la Société « Le Centre Electrique » dont le siège social est à Limoges, a obtenu la concession de la fourniture d'éclairage et d'énergie électrique pour la Ville de Saint-Amand, aux conditions d'un cahier des charges en date du 25 novembre 1909 ;

Attendu qu'en conformité des clauses de ce cahier des charges et suivant contrat du 14 septembre 1912, « Le Centre Electrique » d'une part, et M. Corbin de Mangoux d'autre part, représenté à l'instance par M. Jacquet, se sont obligés :

« Le Centre Electrique » à fournir, et M. Corbin de Mangoux à payer à raison de dix centimes le K. W. H. l'énergie nécessaire au moulin de Billeron ;

Attendu que « Le Centre Electrique » prétendant qu'en raison de la hausse exceptionnelle et impossible à prévoir des charbons, depuis le commencement de la guerre, il ne pouvait continuer à fournir l'énergie et l'éclairage au prix de son cahier des charges, a obtenu de la Ville de Saint-Amand, suivant avenant en date du 10 avril 1916, l'autorisation d'augmenter ses prix à dater de ce jour à raison de dix centimes le K. W. H., tant pour les bâtiments communaux et les administrations publiques que pour les particuliers ;

Que la Compagnie a informé M. Ravaçon, administrateur des biens de la succession de M. Corbin de Mangoux, de cette modification, par lettre du 12 avril 1916 ;

Qu'aucune protestation ne paraît avoir été soulevée et que la fourniture du courant continua comme précédemment ; que cependant à une réclamation du « Centre Electrique » pour paiement de fournitures, Ravaçon ès nom refuse le paiement de la facture, à raison de la majoration dont il est ci-dessus parlé ;

Qu'il s'agit donc de savoir si l'avenant du 10 avril 1916 est obligatoire pour les abonnés ;

Que le Tribunal ne peut que constater la situation actuelle du « Centre Electrique » avec la Ville de Saint-Amand, en ce qui concerne le prix de la consommation électrique ; qu'il n'a pas qualité pour apprécier la légalité de la modification apportée au premier traité pour acte administratif régulier ;

Qu'en acceptant de signer une police pour la fourniture de l'énergie électrique, Corbin de Mangoux s'est par là même engagé à exécuter toutes les clauses du traité entre le « Centre Electrique » et la Ville de Saint-Amand, même les modifications qui peuvent y être apportées;

Qu'il lui était loisible, à l'annonce de l'augmentation, de suspendre ou de résilier sa police et qu'en ne le faisant pas il a laissé croire qu'il acceptait les modifications en augmentation souscrites par la Ville de Saint-Amand ;

Que c'est donc à juste titre que « Le Centre Electrique » réclame le paiement de l'énergie électrique en la majorant en conformité de l'avenant précité qui constitue un acte administratif régulier ;

Par ces Motifs ;

Le Tribunal statuant en matière de commerce par jugement contradictoire, rendu en audience publique et en premier ressort, après en avoir délibéré :

Condamne Jacquet, ès nom à payer à la Société « Le Centre Electrique », la somme de cinq mille cent quatre-vingt-cinq francs soixante-dix centimes avec les intérêts de droit. Le condamne en outre en tous les dépens.

Tribunal civil de Saint-Amand-Montrond, 7 mars 1918, MM. Thibaudin, Président; Belin, Avoué.

COUR D'APPEL DE PARIS
8e Chambre. — 15 Mai 1919

Choiseau contre la Société d'Eclairage, Chauffage, Force Motrice.

La Cour :

Statuant sur l'appel interjeté par Choiseau du Jugement rendu par le Tribunal Civil de Pontoise le 5 avril 1917, ensemble sur les conditions additionnelles de la Société intimée ;

Au fond :

Considérant que la police d'abonnement signée par les deux parties en cause, stipule, dans son art. 2, que le prix du mètre cubé de gaz vendu aux particuliers est fixé à 0,16 cent. ;

Mais considérant que cet art. 2 ne peut être appliqué et interprété séparément, en l'isolant de l'art. 1er de cette même police, lequel dispose expressément que la Société est tenue de fournir le gaz dans les conditions du cahier des charges ;

Considérant que la police d'abonnement est manifestement dominée par cette obligation impérative qu'impose son art. 1er à la Société, de fournir le gaz aux particuliers dans les conditions prévues au cahier des charges ; d'où il suit que le prix du gaz n'est fixé à 0,16 cent. le mètre cube qu'autant que le cahier des charges, qui lie la commune concédante et la Société concessionnaire maintient lui-même ce prix ; que du jour au contraire, où la Commune et la Société tombent d'accord pour modifier le prix de la fourniture et où cet accord est approuvé par l'autorité administrative supérieure, le nouveau prix se substitue à l'ancien et s'impose au signataire de la police comme condition du cahier des charges ;

Or, considérant, ce principe une fois posé, qu'il suffit de constater qu'à la date du 15 octobre 1915, la commune de Soisy-sous-Montmorency et la Société concessionnaire ont signé un avenant au traité de concession, portant qu'à dater du 1er novembre suivant et jusqu'à la signature de la paix, le gaz serait vendu aux particuliers 0,20 le mètre cube ; que cet avenant a été régulièrement approuvé par l'autorité préfectorale le 3 décembre 1915 ;

Considérant que cette stipulation est claire et précise ; qu'elle ne comporte aucune interprétation ; que, par suite, les Tribunaux ordinaires sont compétents pour en assurer l'application ;

Considérant que, dans ces conditions, Choiseau, qui a accepté la police d'abonnement rédigée conformément au cahier des charges, doit subir les modifications qui ont été approuvées à ce même cahier des charges, et payer 0,20 cent. le mètre cube de gaz ; que cette modification a été portée à la connaissance des consommateurs par voie d'affiches ; que cette mesure de publicité constitue un avertissement suffisant ; que c'est donc à partir du 1er novembre 1915 ou, plus exactement, du 3 décembre suivant, date de l'approbation préfectorale, et non à partir de la mise en demeure individuelle résultant de l'assignation du 8 février 1916, ainsi que l'ont à tort, décidé les premiers juges, que Choiseau aurait dû être tenu de payer le nouveau prix ;

Mais considérant qu'à défaut d'appel incident, la Cour ne peut modifier, sur ce point, la décision intervenue ;

Considérant, en outre, que tout en restant dans les termes du jugement, il appert que, postérieurement au 8 février 1916, jour de l'assignation, Choiseau a continué à consommer le gaz ; qu'il n'a fait aucun versement pour sa consommation ; que les factures arriérées s'élèvent au 31 mars 1919 à la somme de 540 fr. 25 ; que la Société intimée demande à ce que Choiseau soit condamné à lui payer cette somme ; que les conclusions additionnelles prises dans ce but ne sont que la suite ou la conséquence de la demande originaire ; qu'elles sont, dès lors, recevables et qu'il y a lieu d'y faire droit.

Par ces Motifs :

Et adoptant, en ce qu'ils n'ont rien de contraire, ceux des premiers juges :

Reçoit, en la forme, l'appel susvisé ;

Au fond : déclare Choiseau mal fondé en toutes ses demandes, fins et conclusions, l'en déboute ;

Confirme, en conséquence, le jugement entrepris pour être exécuté selon sa forme et teneur ;

Et statuant sur les conclusions additionnelles :

Condamne Choiseau à payer à la Société d'Eclairage, Chauffage et Force Motrice la somme de 540 fr. 25, montant de ses consommations de gaz, du 8 février 1916 au 31 mars 1919 ;

Le condamne à l'amende et aux dépens d'appel.

COUR D'APPEL DE BORDEAUX
16 Juin 1920

Compagnie Générale d'Eclairage de Bordeaux contre Société Intercommunale d'Eclairage

---

Attendu qu'à la date du 8 Mars 1904, une convention était conclue entre la Ville de Bordeaux et la Société Générale d'Eclairage, aux termes de laquelle cette Société obtenait la concession de la distribution et de la vente pour tous usages du gaz et de l'énergie électrique dans toute l'étendue du territoire de la Commune de Bordeaux, conformément aux clauses et conditions du Cahier des Charges ;

Que substituée à l'ancienne Compagnie du Gaz qui avait en outre l'obligation de fournir le gaz d'éclairage à certaines communes suburbaines, la Société Générale d'Eclairage avait également à assurer la même fourniture à ces communes suburbaines sous les mêmes condi-

tions, étant convenu qu'elle serait tenue de fournir aux réseaux suburbains comme par le passé, le gaz nécessaire soit au prix de 0,10 c/m le mètre cube, avec une redevance de 0,02 c/m par mètre cube au profit de la Ville et sous la réserve formelle qu'en cas d'insuffisance accidentelle de production du gaz, la commune de Bordeaux et ses habitants devaient profiter avant toute autre commune du gaz disponible.

Que la concession se trouvait ainsi réglementée par deux côtés : le Cahier des Charges et le Traité aprouvé par l'Autorité Supérieure, 2 actes unis par un lien étroit, se complétant mutuellement et ayant pour but, l'un et l'autre, de déterminer respectivement les droits et obligations des parties.

Qu'à cette convention n'intervenait point la Société Intercommunale qui, substituée plus tard à la Société du Gaz en a accepté les conditions, que son entreprise commerciale consistait à recevoir de la Compagnie Générale d'Eclairage, sur le territoire de la Commune de Bordeaux, le gaz nécessaire à l'alimention des communes suburbaines et à en faire la distribution aux habitants de ces communes. Que le gaz, ainsi répandu dans ses propres canalisations, fut payé par elle au prix convenu, avec retenue de la redevance au profit de la Ville sans aucune discussion des clauses et conditions du Cahier des Charges.

Qu'advenant l'état de guerre et les charges imprévues qui en ont été la suite, la Compagnie d'Eclairage ne pouvant plus assurer la fourniture aux mêmes conditions demanda une majoration de tarifs et pour vaincre la résistance opposée, dut porter le différend devant le Conseil d'Etat qui, par arrêt du 30 Mars 1916, renvoya la Ville de Bordeaux et la Compagnie Générale d'Eclairage devant le Conseil de Préfecture, pour être procédé, — si les parties ne peuvent s'entendre à l'amiable, sur les conditions spéciales dans lesquelles la Compagnie pourrait continuer son service, — à la fixation de l'indemnité à laquelle la Compagnie avait droit en raison des circonstances extracontractuelles, dans lesquelles elle devait assurer le service concédé, qu'ainsi il était jugé dans la plénitude de ses pouvoirs, par la juridiction administrative que le Cahier des Charges réglementant l'exercice de la concession pouvait et devait subir des modifications soit par décision de justice, soit par accord entre les parties intéressées.

Que la Ville de Bordeaux et la Compagnie d'Eclairage s'entendirent alors et décidèrent par nouvelle convention du 6 Mai 1916 que le prix du gaz serait pour le service des particuliers relevé de 0,18 par mètre cube et pour toutes les autres catégories de consommateurs, sans exception, y compris les communes suburbaines, relevé de 0,21 par mètre cube.

Qu'en l'état, après la notification de cet accord, seule la Société Intercommunale représentant les réseaux suburbains a refusé d'accepter la majoration du tarif, prétendant qu'elle ne lui est pas opposable et que, liée par l'ancienne convention, à laquelle elle était restée étrangère mais qu'elle a acceptée en l'exécutant, elle ne peut être tenue au delà de ce qu'elle a accepté.

Que le Tribunal de Commerce, par jugement dont est appel a décidé que le refus opposé par la Société Intercommunale était justifié et qu'il n'était pas possible de prendre en considération le temps et les circonstances pour modifier une convention précise et substituer des clauses nouvelles à celles qui ont été librement consenties, qu'on se trouvait en présence d'une stipulation pour autrui, suivie d'acceptation par le bénéficiaire et par conséquent, ne pouvant être révoquée sans son assentiment.

Mais, attendu que cette interprétation des rapports que la convention a fait naître entre les parties en cause apparaît non seulement comme contraire à l'équité, mais encore méconnaît en droit le véritable caractère et la portée des conventions intervenues et s'appuie sur des principes sans doute incontestables, mais inapplicables à l'espèce.

Qu'il est admis et décidé par l'Autorité Administrative compétente que lorsqu'une concession est consentie par une Ville à une Société chargée d'assurer un service public le Cahier des Charges qui réglemente la concession ne peut constituer pour les parties une loi immuable — que les conditions stipulées dans ce Cahier sont susceptibles de modifications — de telle sorte que si un tiers comme, dans l'espèce actuelle, la Société Intercommunale, accepte les conditions, soit expressément, soit tacitement par l'exécution, ce tiers ne peut être lié que dans les conditions où se trouve lié lui-même vis-à-vis de la Ville le concessionnaire direct — ou la Ville vis-à-vis de son concessionnaire — qu'il doit avoir les mêmes droits et les mêmes obligations — qu'il est suivant la nature même du contrat, soumis aux fluctuations et aux aléas qui peuvent se produire et ne peut soutenir que ne lui sont pas opposables les modifications du Cahier des Charges, imposées par les événements.

Qu'il s'agit bien dans l'espèce d'une convention intimement liée à la concession de la Ville et au Cahier des Charges, qui régit cette convention, qu'elle en dépend sans nul doute, en fait partie juridiquement et participant de sa nature doit être interprétée et exécutée d'après les mêmes règles.

Attendu que cela étant, la Société Intercommunale, d'après l'arrêt du Conseil d'Etat et l'accord qui s'en est suivi à la date du 6 Mai 1916 ne saurait revendiquer exceptionnellement à son avantage le maintien du statu quo qui obligerait la Société Générale d'Eclairage de Bordeaux à supporter seule, au regard du représentant des communes suburbaines, les charges imposées par la guerre, qu'il serait anormal que la majoration du prix imposé à la Ville de Bordeaux fut sans retentissement sur la situation faite aux réseaux suburbains, qu'il est juste que la Société Intercommunale ait sa part des charges nouvelles qu'elle a d'ailleurs provisoirement, et en attendant la décision de justice demandé aux communes leur contribution qui ne leur a pas été refusée.

Attendu que la question de savoir si la convention du 8 Mars 1904 doit s'analyser en une stipulation pour autrui régie par les dispositions de l'article 1121 du Code Civil est d'un intérêt secondaire; qu'il est incontestable qu'elle ait vraiment ce caractère si l'on considère que la Ville, par la clause dont s'agit a voulu traiter plutôt dans son intérêt que dans l'intérêt d'un tiers — cherchant à s'assurer une redevance et voulant éviter la création de nouvelles usines de fabrication en territoires suburbains — que si la clause qu'il s'agit d'interpréter n'obligeait la Société Intercommunale à payer le gaz distribué au prix de 0,10 le mètre-cube, ce prix n'était pas fixé, aussi bien pour elle que pour les autres consommateurs d'une façon définitive et irrévocable — qu'il devait dépendre des modifications possibles qui pouvaient être apportées au Cahier des Charges et qu'advenant de nouvelles conventions entre le stipulant et le promettant, le tiers ne pouvait plus se prévaloir de l'ancien régime.

Qu'à la vérité, cette Société représentant les réseaux suburbains, n'était en somme qu'un client de la Société Générale d'Eclairage de Bordeaux n'ayant ni plus ni moins de droits que les autres consommateurs ou abonnés devant le cas échéant subir la loi commune d'où il suit qu'elle est sans droit à réclamer le bénéfice d'un tarif justement aboli.

Par ces motifs, la Cour après délibéré jugeant en audience publique, en matière commerciale,

Ouï le Ministère Public en ses conclusions motivées,

Réforme le jugement dont est appel et faisant droit aux conclusions de l'appelant,

Déclare le nouveau tarif établi par l'accord du 6 Mai 1916 applicable à la Société Intercommunale,

Dit en conséquence qu'à partir du 6 Mai 1916 les fournitures du gaz qui lui ont été ou seront faites par la Compagnie Générale d'Eclairage de Bordeaux soient réglées avec une majoration de 0,21 par mètre cube de gaz fourni, que le paiement en sera effectué avec les intérêts de droit pour les sommes dues jusqu'à ce jour en rejetant toutes autres demandes.

Fins et conclusions des parties.

Condamne la Société intimée en tous les dépens de première instance et d'appel.

Fait mainlevée de l'amende.

COUR DE CASSATION
4 Mai 1921

Société Intercommunale d'Eclairage contre Compagnie Générale d'Eclairage de Bordeaux

La Cour,

Ouï M. le Conseiller Albert Tissier en son rapport ;

Me de Lapanouse, Avocat, en ses observations ;

M. l'Avocat Général Péan en ses conclusions.

Sur les deux moyens du pourvoi réunis, pris ensemble de la violation des art. 1119, 1121, 1134, 1165, 1351 C. Civ. et art. 7 de la loi du 20 Avril 1810.

Attendu qu'aux termes du traité de concession passé le 8 Mars 1904 entre la Ville de Bordeaux et la Compagnie Générale d'Eclairage de Bordeaux et du Cahier des charges de la concession en date du même jour, la Compagnie Générale d'Eclairage s'est obligée à fournir le gaz nécessaire à l'alimentation des réseaux suburbains concédés actuellement à la Société Intercommunale d'éclairage au prix de 0 fr. 10 le mètre cube, plus une redevance de 0 fr. 02 par mètre cube au profit de la Ville de Bordeaux.

Attendu qu'à la suite de la hausse considérable des prix du charbon pendant la guerre, la Compagnie Générale d'Eclairage de Bordeaux a formé contre la Ville de Bordeaux une demande ayant pour objet le relèvement des divers tarifs fixés par les traités et cahiers des charges du 8 Mars 1904, pour le prix du gaz par elle fourni tant aux consommateurs de Bordeaux qu'au réseau suburbain ; que, par arrêt du 30 Mars 1916, le Conseil d'Etat a décidé que la Compagnie Générale d'Eclairage ne pouvait être tenue d'assurer aux seules conditions prévues à l'origine le fonctionnement du service concédé et a renvoyé les parties devant le Conseil de Préfecture pour être procédé, si elles ne s'entendaient pas sur les conditions auxquelles la Compagnie Générale d'Eclairage continuerait son service, à la fixation de l'indemnité à laquelle celle-ci aurait droit ;

Attendu que par convention du 6 Mai 1916, approuvée par décret du même jour, la Ville de Bordeaux et la Compagnie Générale d'Eclairage ont décidé qu'à titre provisoire et jusqu'à ce qu'une entente amiable ou une décision judiciaire soit définitivement intervenue pour l'application de l'arrêt du Conseil d'Etat, le prix du gaz serait, pour le service des particuliers, relevé de 0 fr. 18 par mètre cube et, pour toutes les autres catégories de consommateurs sans exception, y compris le réseau suburbain, relevé de 0 fr. 21 par mètre cube ;

Attendu que ces relèvements provisoires de tarifs régulièrement approuvés par l'autorité administrative, s'imposent à tous ceux auxquels le gaz est fourni *par la Compagnie Générale d'Eclairage de Bordeaux et spécialement à la Société Intercommunale d'Eclairage de Bordeaux qui reçoit de la Compagnie Générale d'Eclairage de Bordeaux au moyen de canalisations établies dans la commune de Bordeaux, le gaz qu'elle distribue ensuite aux communes suburbaines ;*

Que si la Société Intercommunale a, par suite des stipulations établies à son profit dans les traités et cahier des charges du 8 Mars 1904, le droit d'exiger de la Compagnie Générale d'Eclairage de Bordeaux la fourniture du gaz nécessaire au réseau suburbain, ce droit ne peut s'exercer que sous la condition de payer les redevances régulièrement établies ;

Qu'il suit de là qu'en décidant que le nouveau tarif du 6 Mai 1916 est applicable à la Société Intercommunale et que les fournitures de gaz à elle faites depuis le 10 Mai 1916 doivent être payées par elle avec une majoration de 0 fr. 21 par mètre cube, l'arrêt attaqué qui est régulièrement motivé n'a violé aucun des textes visés au pourvoi ;

Sur le moyen additionnel pris du principe de la séparation des pouvoirs et des règles de la compétence de l'article 13 du titre 2 de la loi des 16, 24 Août 1790, du décret du 16 Fructidor an III sur la séparation des autorités administratives et judiciaires et de l'art. 7 de la loi du 20 Avril 1810 ;

Attendu que le pourvoi soutient que, pour juger que la convention du 8 Mars 1904 n'avait pu conférer à la Société Intercommunale d'Eclairage un droit irrévocable, l'arrêt attaqué s'est fondé sur une interprétation de la convention et du cahier des charges y annexé, qui était du ressort exclusif de la juridiction administrative ;

Mais attendu que la Cour de Bordeaux, pour décider que la Société Intercommunale était tenue de payer les sommes fixées par les tarifs nouveaux provisoirement établis par la Convention du 6 Mai 1916 n'a pas eu à se livrer à une interprétation des clauses de la convention du 8 Mars 1904 et du cahier des charges du même jour ;

Qu'elle se base essentiellement en effet sur ce que la Société Intercommunale à laquelle, aux termes de sa concession, la Compagnie Générale d'Eclairage de Bordeaux est tenue de fournir le gaz nécessaire au réseau suburbain, doit subir les modifications de la convention et du cahier des charges imposées par les événements et établies à la suite de l'arrêt du Conseil d'Etat du 30 Mars 1916, par la convention du 6 Mai 1916, régulièrement approuvée par l'autorité administrative ;

Que l'arrêt attaqué se borne ainsi à faire application des tarifs nouveaux sans interpréter aucun texte, obscur ou douteux, du contrat de concession ou du cahier des charges ;

Qu'il suit de là, sans qu'il y ait lieu de s'arrêter aux critiques dirigées par le moyen additionnel contre d'autres motifs de l'arrêt, qui peuvent être tenus pour surabondants, que la Cour de Bordeaux en statuant comme elle l'a fait, n'a nullement excédé sa compétence et n'a violé aucun des principes et des textes visés au moyen.

Par ces Motifs : Rejette la requête.

TRIBUNAL CIVIL DE VILLEFRANCHE (Aveyron)
11 Mai 1921

Roques et Dubruel contre Société La Sorgue et le Tarn.

Attendu que MM. Roques et Dubruel ont assigné la Société « La Sorgue et le Tarn » en remboursement des sommes qu'ils disent avoir été perçues en trop par cette Société, que, se fondant sur leurs polices d'abonnement passées en novembre 1915, et renouvelées par tacite reconduction, ils prétendent n'être tenus de payer l'électricité à eux fournie que suivant les prix stipulés dans ses polices et refusent de subir toute augmentation, qu'ils ne veulent connaître que ces polices qui, disent-ils, n'ont été résolues, ni amiablement ni judiciairement, et qui, par suite, doivent recevoir leur pleine et entière exécution.

Attendu que la Société « La Sorgue et le Tarn » soutient qu'elle est concessionnaire de la Ville de Villefranche pour la fourniture de l'énergie électrique, suivant les termes d'un Cahier des Charges en date du 29 novembre 1915, que ce Cahier des Charges a été modifié, les 16 octobre et 15 décembre mil neuf cent vingt, d'un commun accord avec la Ville de Ville-

franche, et que par le fait de l'approbation administrative donnée le 28 décembre, les prix stipulés dans les polices antérieures doivent, à partir de cette date, être majorés suivant les accords précités des 16 octobre et 15 décembre 1920.

Attendu que, s'il s'agissait d'un contrat ordinaire passé par une Société particulière pour l'achat ou la vente de marchandises, il n'est pas douteux que la théorie de MM. Roques et Dubruel, parfaitement juridique, sur l'exécution des contrats, devrait recevoir son application, mais qu'en l'espèce il convient de considérer que le contrat à apprécier est d'une nature particulière.

Attendu, en effet, que si la Société « La Sorgue et le Tarn » a passé des polices d'abonnement pour la fourniture de l'électricité, elle n'a pu consentir ces polices, qu'en sa qualité de concessionnaire de l'énergie électrique pour la Ville de Villefranche, et que l'établissement de ces polices n'a pu avoir lieu qu'après l'obtention par ladite Société de cette qualité de concessionnaire, qu'ainsi cette qualité devient la base certaine et indiscutable sur laquelle ont été instituées toutes les polices d'abonnement, que les particuliers qui ont contracté ces polices ne pouvaient ignorer cette situation, car ils n'auraient pas eu la possibilité de conclure des accords de cette nature, si, préalablement à ces accords, la Société contractrice n'avait pas obtenu cette qualité de concessionnaire.

Attendu que cette qualité de concessionnaire est donnée par le Cahier des Charges qui, de la sorte, sert de fondement réel à toutes les polices intervenues, lesquelles ne peuvent se mouvoir que dans le cadre de ce Cahier des Charges, qu'il en résulte que si des changements viennent à être introduits dans ce Cahier des Charges, ces mêmes changements, par voie de conséquence ont leur répercussion nécessaire sur les polices édifiées sur ce Cahier des Charges.

Attendu que puisque le Cahier des Charges sert de base et de fondement aux polices d'abonnement, et, par suite, que les particuliers ne peuvent prétendre l'ignorer, il doit en être ainsi, soit que les polices intervenues contiennent une référence expresse à ce Cahier des Charges, ainsi que cela a lieu la plupart du temps, soit que, comme dans l'espèce actuelle elles ne renferment aucune mention de cette nature, qu'en effet, dans ce dernier cas, cette référence ne peut qu'être implicitement et tacitement sous-entendue, car elle résulte en fait de l'accord lui-même, lequel ainsi qu'il vient d'être dit, repose sur le Cahier des Charges, en est en quelque sorte un accessoire et une dépendance, et n'aurait pas pu intervenir sans l'existence de ce Cahier des Charges.

Attendu que les particuliers qui ont contracté des polices d'abonnement doivent donc subir les modifications apportées au Cahier des Charges, soit que ces modifications leur soient favorables, soit qu'elles leur soient défavorables et que la prétention de MM. Roques et Dubruel ne peut être admise.

Attendu que les dépens font suite au principal.

Par ces motifs, le Tribunal rejette la demande de MM. Roques et Dubruel et les condamne aux dépens.

TABLE DES MATIÈRES

8150. — Paris. — Imp. Hemmerlé, Petit et C⁰ⁱ, 6-21.